Antje Bostelmann (Hrsg.)

So gelingen Portfolios

in der Krippe

Beispielseiten und Vorlagen

Verlag an der Ruhr

Impressum

Titel
So gelingen Portfolios in der Krippe
Beispielseiten und Vorlagen

Herausgeberin
Antje Bostelmann

Fotos
Barbara Dietl, Aljoscha Boesser u.a.

Druck
AZ Druck und Datentechnik GmbH, Kempten, DE

Verlag an der Ruhr
Mülheim an der Ruhr
www.verlagruhr.de

Geeignet für die Altersstufen 0–3

Urheberrechtlicher Hinweis

Das Werk und seine Teile sind urheberrechtlich geschützt. Jede Verwendung in anderen als den gesetzlich zugelassenen Fällen oder außerhalb dieser Bedingungen bedarf der vorherigen schriftlichen Einwilligung des Verlages. Im Werk vorhandene Kopiervorlagen dürfen vervielfältigt werden, allerdings nur für den eigenen Gebrauch in der jeweils benötigten Anzahl. Die dazu notwendigen Informationen (Buchtitel, Verlag und Herausgeberin) haben wir für Sie als Service bereits mit eingedruckt. Diese Angaben dürfen weder verändert noch entfernt werden.

Der Verlag untersagt ausdrücklich das Herstellen von digitalen Kopien, das digitale Speichern und Zurverfügungstellen dieser Materialien in Netzwerken (das gilt auch für Intranets von Schulen und sonstigen Bildungseinrichtungen), per E-Mail, Internet oder sonstigen elektronischen Medien außerhalb der gesetzlichen Grenzen. Kein Verleih. Keine gewerbliche Nutzung.

Näheres zu unseren Lizenzbedingungen können Sie unter www.verlagruhr.de/lizenzbedingungen/ nachlesen.

Soweit in diesem Produkt Personen fotografisch abgebildet sind und ihnen von der Redaktion fiktive Namen, Berufe, Dialoge u. Ä. zugeordnet oder diese Personen in bestimmte Kontexte gesetzt werden, dienen diese Zuordnungen und Darstellungen ausschließlich der Veranschaulichung und dem besseren Verständnis des Inhalts.

© **Verlag an der Ruhr 2009,** Nachdruck 2021
ISBN 978-3-8346-0466-8

Inhaltsverzeichnis

- 4 Vorwort
- 6 Zum Aufbau des Buches
    - 6 Auf dem Weg zum Ich
    - 8 Was ich gerade lerne
    - 9 „Geschafft! Gelernt!"
    - 9 Entwicklungsübersicht
    - 9 Beobachtungs- und Dokumentationshilfen
- 10 Generelle Regeln für die Portfolioarbeit

- 11 **Die Ich-Seiten: So bist du**
- 12 Das bist du – *Kopiervorlage*
- 13 Das bist du – *Beispielseite*
- 14 Wie du älter wirst – *Kopiervorlage*
- 15 Wie du älter wirst – *Beispielseite*
- 16 Das kannst du gut – *Kopiervorlage*
- 17 Das kannst du gut – *Beispielseite*
- 18 Deine Gruppe – *Kopiervorlage*
- 19 Deine Gruppe – *Beispielseite*
- 20 Deine Familie – *Kopiervorlage*
- 21 Deine Familie – *Beispielseite*
- 22 Geschichten über dich – *Kopiervorlage*
- 23 Geschichten über dich – *Beispielseite*
- 24 Dinge, die du gerne magst – *Kopiervorlage*
- 25 Dinge, die du gerne magst – *Beispielseite*
- 26 Ein Krippentag – *Kopiervorlage*
- 27 Ein Krippentag – *Beispielseite*

- 28 **Entwicklungsbereich: Allgemeine Entwicklung**
- 29 Geschafft! Gelernt! – *Kopiervorlage*
- 30 Hier bist du gerne – *Kopiervorlage*
- 31 Hier bist du gerne – *Beispielseite*
- 32 Was du gerne spielst – *Kopiervorlage*
- 33 Was du gerne spielst – *Beispielseite*
- 34 Was du gerade untersuchst – *Kopiervorlage*
- 35 Was du gerade untersuchst – *Beispielseite*

- 36 **Entwicklungsbereich: Soziale Entwicklung**
- 37 Entwicklungsübersicht: Soziale Entwicklung – *Kopiervorlage*
- 38 Du und deine Mitwelt – *Kopiervorlage*
- 39 Du und deine Mitwelt – *Beispielseite*

- 41 **Entwicklungsbereich: Bewegung**
- 42 Entwicklungsübersicht: Motorische Entwicklung 1 – *Kopiervorlage*
- 43 Entwicklungsübersicht: Motorische Entwicklung 2 – *Kopiervorlage*
- 44 Schritt für Schritt: Du lernst laufen! – *Kopiervorlage*
- 45 Schritt für Schritt: Du lernst laufen! – *Beispielseite*
- 46 Kleine Kunststücke – *Kopiervorlage*
- 47 Kleine Kunststücke – *Beispielseite*

- 48 **Entwicklungsbereich: Sprache**
- 49 Entwicklungsübersicht: Sprachentwicklung 1 – *Kopiervorlage*
- 50 Entwicklungsübersicht: Sprachentwicklung 2 – *Kopiervorlage*
- 51 Entwicklungsübersicht: Sprachentwicklung 3 – *Kopiervorlage*
- 52 Wort für Wort: Du lernst sprechen! – *Kopiervorlage*
- 53 Wort für Wort: Du lernst sprechen! – *Beispielseite*
- 54 Geschafft! Gelernt! – *Beispielseite*

- 55 **Entwicklungsbereich: Malen und Gestalten**
- 56 Entwicklungsübersicht: Malen & Gestalten 1 – *Kopiervorlage*
- 57 Entwicklungsübersicht: Malen & Gestalten 2 – *Kopiervorlage*
- 58 Kleine Kunstwerke – *Kopiervorlage*
- 59 Kleine Kunstwerke – *Beispielseite*
- 60 Geschafft! Gelernt! – *Beispielseite*

- 61 **Entwicklungsbereich: Musik**
- 62 Entwicklungsübersicht: Musik 1 – *Kopiervorlage*
- 63 Entwicklungsübersicht: Musik 2 – *Kopiervorlage*
- 64 Lieder, die du gerne hörst – *Kopiervorlage*
- 65 Lieder, die du gerne hörst – *Beispielseite*

- 66 **Beobachtungs- und Dokumentationshilfen**
- 67 Übersichtsliste: Dokumentation planen
- 69 Beobachtungsbogen

- 71 Über die Autoren/Herausgeber

Vorwort

Liebe Leserin[1]

es ist eine uralte Geschichte, und dennoch fasziniert sie uns immer wieder und berührt uns ganz unmittelbar: Ein zunächst hilflos und zerbrechlich wirkendes Neugeborenes wächst heran, lernt unermüdlich neue Dinge hinzu, wird unversehens zum selbstbewussten Kind. „Bist du aber groß geworden!", „Was du schon alles kannst!": Uns Erwachsene erstaunt es jedes Mal, wie schnell sich die Entwicklung eines jungen Menschen vollziehen kann. „Man möchte manchmal die Zeit anhalten!", stöhnen Eltern kleiner Kinder oft, so schnell folgen Entwicklungsstadien aufeinander, so flugs geht ein bestimmtes Lebensalter des Kindes vorbei, an das man sich gerade erst gewöhnt hatte.

Eine Möglichkeit, die rasanten Entwicklungsschritte des Kindes festzuhalten und so rückblickend noch einmal zu einem späteren Zeitpunkt reflektieren zu können, ist das **Portfolio**.
Portfolioarbeit in der Krippe ist eine Methode der **Entwicklungsdokumentation**: Auf fachlich hohem Niveau dokumentieren die Portfolioseiten, wie sich ein Kind entwickelt, wo es Hilfen und Förderungen gebrauchen könnte und wo alles wie von selbst den richtigen Weg geht. Über diese Aufgabe hinaus hat das Portfolio aber auch eine große **emotionale Bedeutung** für all diejenigen, die am Entwicklungsprozess eines Kindes beteiligt sind – und irgendwann auch für das Kind selbst: Indem wir im Portfolio den Entwicklungsverlauf nicht nur statisch mit Fachbegriffen beschreiben, sondern mit **Bildern** und **erzählenden Texten** dokumentieren, halten wir neben wichtigen **Entwicklungsschritten** („Kilian hat am 5. August 2008 laufen gelernt") auch **emotionale Aspekte** fest: „Wir waren alle stolz auf dich, wie du das alleine geschafft hast!" oder „ Du hast dich so gefreut, als du dich das erste Mal am Tisch hochgezogen hast!" Wenn das Kind älter ist und selbst in seinem Portfolio blättern und die Kommentare der Eltern und Erzieherinnen verstehen kann, wird es diese **Wertschätzung** auch selbst erfahren und in seinem **Selbstbewusstsein** gestärkt werden. Vielleicht ist gerade dies auch der besondere Clou der Portfolioarbeit: In einer Zeit, in der immer wieder geklagt wird, vor lauter Zielorientierung würde das liebevolle Miteinander im Kindergarten in Vergessenheit geraten, weist diese Methode den Emotionen ihre entscheidende Rolle für gelingende Erziehung und Bildung zu: Wenn wir beim Dokumentieren von Entwicklungsschritten nicht sichtbar machen, welche emotionalen Aspekte mit jedem einzelnen Entwicklungsschritt einhergingen, brauchen wir ihn gar nicht zu erfassen.

Portfolio ist also eine Methode des Festhaltens und vor allem des Sichtbarmachens. In Bildern wird festgehalten, wie es aussah, als Lena zum ersten Mal vom Sofa bis zum Fenster laufen konnte, mit welchem frohen Gesichtsausdruck sie die ersten Tage auf dem Dreirad über den Hof gerollt ist: **„Ich kann es!"** Genauso soll Portfolio festhalten, mit welchem Kampfgeist, vielleicht auch mit welchem Wankelmut Lena diesen Schritt gemeistert hat: So sah sie aus, als sie noch nicht an die Tischoberfläche rangekommen ist, und so angestrengt hat sie geschaut, als sie das Dreirad noch keinen Zentimeter vorwärtsbekommen hat.

Ein kleiner Moment, der für das Kind einen großen Schritt bedeutet: Zum ersten Mal ganz sicher den Tee eingießen können.

---

[1] *Um den Lesefluss nicht zu behindern, haben wir im gesamten Buch die weibliche Form gewählt. Natürlich sind damit auch immer Männer gemeint, also Erzieher, Pädagogen, Krippenleiter etc.*

Vorwort

In unseren Kindergärten dokumentieren wir bereits seit langer Zeit mit Portfolios. Aber macht Entwicklungsdokumentation nicht nur dann Sinn, wenn sie direkt **von Anfang an** begonnen wird? Schließlich entwickeln Kinder sich gerade in den ersten drei Lebensjahren so schnell, wie später nie wieder … So lag es nahe, irgendwann die Portfolioarbeit auch in unseren Krippen zu etablieren. Wir konnten von Anfang an erfahren, wie gerne Erzieherinnen in der Krippe diese Methode annehmen, obwohl anfangs natürlich die Sorge bestand, nicht genug Zeit dafür zu haben. Aber schnell war klar: Portfolioarbeit kommt sowohl dem Bedürfnis der **Erzieherinnen** zugute, **die eigene Arbeit sichtbar zu machen**, als auch dem Bedürfnis von **Eltern, möglichst viel vom Erleben ihres kleinen Kindes in der Krippe mitzubekommen**. Natürlich haben wir in diesen Monaten aber auch erfahren, wo die Schwierigkeiten bei der Einführung einer solchen Methode liegen: Vor allem fehlt es vielen Pädagoginnen an einer bildlichen Vorstellung. „So vom Prinzip ist uns ja klar, wie man Entwicklungsschritte dokumentiert", erzählten sie dann, „aber wenn es konkret darum geht, ein passendes Foto zu machen und dann noch mit knappen, aber sowohl wertschätzenden als auch fachlichen Worten zu beschreiben, die die Eltern und auch die Kinder verstehen … dann stehen uns auf einmal große Fragezeichen in den Augen!"

Den Fragezeichen in den Augen der Portfolio-begeisterten, aber noch unsicheren Erzieherinnen will dieses Buch mit Beispielen entgegenkommen und zeigen, wie ein Krippen-Portfolio ganz konkret aussehen könnte: Seiten wie die, die wir für dieses Buch in unseren Krippen gesammelt haben, könnte man auf Grund der von uns entwickelten Portfolio-Vorlagen gestalten. Unsere Seiten verstehen wir als **Vorschläge**: So könnte man es nach unserer Überzeugung machen, aber die Vorlagen könnten natürlich auch zu anderen Seiten führen, die genauso sinnvoll sind, vorausgesetzt, die **„Generellen Regeln für die Portfolioarbeit"**, die wir auf Seite 10 beschreiben, werden erfüllt. Zusätzlich wären natürlich auch viele andere Formen von Musterseiten denkbar, und eines würde uns besonders freuen: Wenn Sie uns Ihre Ideen und Weiterentwicklungen unserer Vorschläge mitteilen würden und so mit uns in den Austausch treten. Es macht Spaß, mit vielen anderen Menschen etwas weiterzuentwickeln!

Antje Bostelmann und Michael Fink

*Wichtigste Aussage jedes Portfolios:
So, wie du bist, bist du richtig!*

Vorwort

Zum Aufbau des Buches

In diesem Buch finden Sie eine Sammlung an **Beispielseiten** für die Portfolioarbeit in der Krippe, die sich in der Praxis der KLAX-Krippen besonders bewährt haben. Sie können sie kopieren und als Vorlagen für Ihre eigene Arbeit nutzen, wenn Sie mit der Portfolioarbeit beginnen oder auf der Suche nach neuen Anregungen sind. Die ausgefüllten Seiten dienen Ihnen als Beispiel, wie das Portfolio-Ergebnis aussehen könnte. Darunter finden Sie jeweils einen kurzen **Kommentar**, warum wir gerade diese Seite für die Entwicklungsdokumentation des Kindes wichtig finden, wann und wie wir sie einsetzen und was man daran im Hinblick auf den Entwicklungsstand des Kindes ablesen kann.
Unsere Seiten sind in folgende Bereiche gegliedert:

▸ **Auf dem Weg zum Ich**
▸ **Was ich gerade lerne**

Der Übersicht halber unterteilen wir die einzelnen Bereiche jeweils mit einem **Deckblatt** (S. 11, 28, 36, 41, 48, 55, 61, 66; diese Vorlagen finden Sie auch als schwarz-weiß Kopiervorlagen unter www.verlagruhr.de).
Jedem **Entwicklungsbereich** geht eine **Entwicklungsübersicht** voraus, die die wichtigsten Schritte übersichtlich auf einen Blick erfasst.

Auf dem Weg zum Ich

Am Anfang der Krippenzeit erzählen wir auf diesen Seiten die Geschichte eines Babys, am Ende der Krippenzeit können wir mit dem selbstbewussten Kleinkind über die Seiten sprechen: Auf den Ich-Seiten stellen wir die **Hauptperson** dieses Portfolios vor: Ein kleiner Mensch, der sich rasant fortentwickelt und doch von Anfang an eine unveränderliche eigene Persönlichkeit ist.
Mit den **Ich-Seiten** dokumentieren wir **charakteristische Eigenheiten** und **Vorlieben** des Kindes. Weil diese Eigenheiten sich mit fortschreitendem Alter immer wieder verändern können, ist es aufschlussreich und daher unentbehrlich, die Blätter in **regelmäßigem Abstand** wiederholt auszufüllen: So wird im Rückblick erlebbar, dass bestimmte Vorlieben von Anfang an bestanden, andere sich grundsätzlich geändert haben. Die Kinder erfahren zunächst eher intuitiv beim Betrachten der Seiten: „Ich kann mich verändern, aber in bestimmter Hinsicht bleibe ich immer der, der ich war."

Zu den Ich-Seiten gehören:

Das bist du (S. 12/13)

Wie du älter wirst (S. 14/15)

Das kannst du gut (S. 16/17)

Vorwort

Deine Gruppe (S. 18/19)

Deine Familie (S. 20/21)

Geschichten über dich (S. 22/23)

Dinge, die du gerne magst (S. 24/25)

Ein Krippentag (S. 26/27)

Genauere Informationen zur Arbeit mit Portfolios finden Sie in unserem Buch „Das Portfolio-Konzept für die Krippe"

Selbstbewusst, kommunikativ, heiter: Zwei Kinder im letzten Krippenjahr.

Vorwort

Was ich gerade lerne

Die zweite Kategorie von Portfolioseiten umfasst alle Seiten, auf denen wir die **Entwicklungsschritte** des Kindes mit Bild und Text dokumentieren. Im Mittelpunkt stehen hier vor allem Schritte, die das Kind selbst – und auch die Eltern – in ihrer Bedeutung besonders wertschätzen: Entwicklungsschritte, durch die für das Kind die Welt ein wenig anders geworden ist. Beachtung finden soll aber auch, **auf welche Weise** das Kind lernt, **was es braucht**, um neue Entdeckungen zu machen und sich Herausforderungen zu stellen. Daher gibt es neben Seiten, die den Kompetenzerwerb dokumentieren, auch solche, die etwas über für das Kind **günstige Lernbedingungen** aussagen.

Wir gliedern diese Seiten in die verschiedenen **Entwicklungsbereiche**, um so einen möglichst umfassenden Überblick über die Entwicklung des Kindes zu bekommen: In welchen Bereichen ist das Kind schon sehr weit entwickelt? Wo benötigt es vielleicht noch zusätzliche Anregungen und Unterstützung?

Natürlich sind zu jedem Bereich noch viele weitere Seiten denkbar. Zu jedem Bereich gibt es ein passendes **Deckblatt**, das Sie jeweils vor die ausgefüllten Seiten heften können – so wird das Portfolio zu einer übersichtlichen Entwicklungsdokumentation.

Für die **„Was ich gerade lerne"-Seiten** haben wir in diesem Buch exemplarisch folgende Seiten aufgeführt:

Allgemeine Entwicklung

Hier bist du gerne (S. 30/31)

Allgemeine Entwicklung

Was du gerne spielst (S. 32/33)

Allgemeine Entwicklung

Was du gerade untersuchst (S. 34/35)

Soziale Entwicklung

Du und deine Mitwelt (S. 38/39)

Bewegung

Schritt für Schritt:
Du lernst laufen! (S. 44/45)

Bewegung

Kleine Kunststücke (S. 46/47)

Sprache

Wort für Wort: Du lernst sprechen! (S. 52/53)

Malen und Gestalten

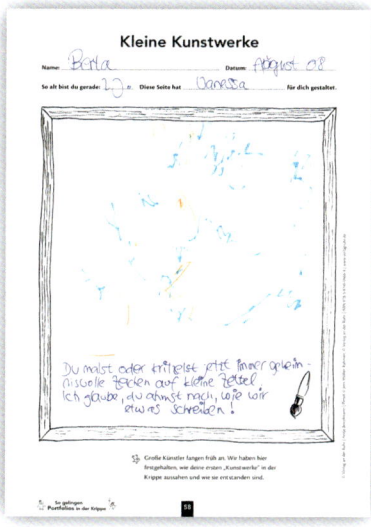

Kleine Kunstwerke (S. 58/59)

Musik

Lieder, die du gerne hörst (S. 64/65)

„Geschafft! Gelernt!"

Für die Dokumentation der wichtigen Entwicklungsschritte aus den Entwicklungsübersichten eignet sich das **„Geschafft! Gelernt!"-Blatt**. Immer, wenn eine neue bedeutsame Kompetenz hinzugekommen ist, dokumentieren wir dieses auf dem „Geschafft! Gelernt!"-Blatt durch Text und Foto.

Im Text zum Foto belegt ein **„Du kannst"-Satz** den neuen Entwicklungsschritt. Die Beschreibung der Situation soll zudem sichtbar machen, wie das Kind den jeweiligen Schritt geschafft hat, damit Kind, Eltern und Pädagoginnen langfristig erkennen können, auf welche Weise das Kind sich fortentwickelt. Das „Geschafft! Gelernt!"-Blatt verwenden wir für alle Entwicklungsbereiche.

Entwicklungsübersicht

Es ist wichtig, beim Dokumentieren von Entwicklungsschritten nicht nach dem Zufallsprinzip vorzugehen, sondern **gezielt** wesentliche Kompetenzschritte zu erfassen.
Zu Beginn jedes Entwicklungsbereiches heften wir im Portfolio eine **Entwicklungsübersicht** ab, auf der wichtige Kompetenzschritte aufgeführt sind, die Kinder während ihrer Krippenzeit erreichen. Auf dieser Liste kann die Portfolio-führende Erzieherin mit Datum vermerken, wann welcher Schritt erreicht wurde, der dann mit einer Portfolioseite belegt werden kann.

Regelmäßig schätzt die Erzieherin ein, welches Kind welche Kompetenz bereits erreicht hat: Beginnt das Kind damit, sich dieser Fähigkeit anzunähern, weil es sichtbar probiert und übt, ist es Zeit, ein **„I"** einzutragen für „interessiert sich". Bei vollständiger Erreichung – das Kind beherrscht die entsprechende Kompetenz sicher – trägt sie ein **„K"** wie „kann es" ein. Dazu vermerkt sie jeweils das Datum.

Bei vielen Kompetenzschritten reicht es, dieses einfach nur auf der Liste zu notieren. Bedeutsame Schritte sollten immer mit „Portfolio-Beweisblatt" (entweder „Geschafft! Gelernt!" oder ein bildungsbereich-spezifisches Blatt) belegt werden. Damit es übersichtlich bleibt, trägt die Erzieherin dieses in der rechten Spalte mit Verweis zum Datum der Portfolioseite ein.

Beobachtungs- und Dokumentationshilfen

Am Ende dieses Buches finden Sie eine Übersichtsliste **Dokumentation planen** (S. 67) und einen **Beobachtungsbogen** (S. 69). Beides soll Ihnen helfen, Beobachtungen gezielt zu planen und sinnvoll zu dokumentieren; schließlich ist es nicht leicht, bei so vielen Kindern den Überblick zu behalten.

Und wer sich keine konkreten Beobachtungsaufgaben stellt, ist auch nicht in der Lage, seine selektive Wahrnehmung gezielt auf bestimmte Entwicklungsschritte der Kinder zu richten.

Generelle Regeln für die Portfolioarbeit

▶ Wir schreiben in Du-Kannst-Form, nicht in der dritten Person („Josephine hat gelernt …") und nicht in der ersten Person („Ich kann schon Mama sagen!"), solange das Kind den Satz noch nicht selbst sprechen kann.

▶ Wir schreiben einfach, klar und vorstellbar, in einer Sprache, die auch kleine Kinder verstehen. Bitte kein Fachchinesisch!

▶ Wir begegnen dem Kind auch sprachlich mit hohem Respekt: Weder beschreiben wir im Portfolio, wie niedlich wir das Kind finden, noch unterstellen wir dem noch nicht sprechenden Kind Gedanken, Worte und Charakterzüge, von denen wir eigentlich nichts wissen.

▶ Wir beschreiben Kompetenzen und Stärken des Kindes, keine Mängel! „Leider kannst du noch nicht …"-Sätze passen nicht ins Portfolio, und „Du hast es endlich geschafft …" auch nicht!

▶ Wenn ein Bild mehr als 1000 Worte sagt, sagen fünf Bilder schon mehr als 5 000 Worte: Wenn möglich, dokumentieren wir mit Bilderserien statt mit Einzelbildern.

▶ Das Portfolio ist für alle da, und alle dürfen mitmachen: Wir stellen den Eltern Formblätter bereit, damit sie selbstständig Portfoliobeweise abheften können. Auswählen, was gut und was nicht so gut passt, kann man später immer noch.

▶ „Mein Buch!" Portfolios sind eine intime Angelegenheit. Wir zeigen niemandem das Portfolio eines Kindes, wenn wir das Kind und die Eltern nicht vorher um Erlaubnis gefragt haben!

So bist du

Das bist du

Name: _____ **Datum:** _____

Du heißt: _____

So alt bist du gerade: _____

So groß bist du gerade: _____

So viel wiegst du: _____

Deine Haarfarbe: _____

Deine Augenfarbe: _____

Das möchte ich noch über dich erzählen: _____

_____

_____

_____

_____

_____

_____

_____

_____

_____

_____

_____

_____

Foto

Ausgefüllt von: _____

Das bist du

Name: Pia-Lotte   Datum: 28.8.08

Du heißt: Pia-Lotte
So alt bist du gerade: 9 Monate
So groß bist du gerade: 75 cm
So viel wiegst du: ca. 9000 gr
Deine Haarfarbe: dunkelblond
Deine Augenfarbe: hellblau

Das möchte ich noch über dich erzählen:
Du bist ein sehr aufgewecktes Kind.
Du erzählst viel und erkundest den ganzen Tag die Welt auf allen Vieren.
Ganz oft hast du Hunger, und dann zerpflückst du die kleinen Stullchen, die ich dir immer mache. Du hörst gerne Papas Musik! Und meine Bücher blätterst du auch gerne durch.

Ausgefüllt von: Mama

„Das bist du" ist die Begrüßungsseite für das Portfolio. Das Kind wird mit dem Blatt kurz vorgestellt (oder stellt sich, wenn es älter ist, selbst vor), bevor auf den kommenden Seiten ein intensiver Einblick in Entwicklung, Vorlieben und andere Charakteristika folgen.

Diese Seite geben wir gleich bei der Eingewöhnung den Eltern mit, die es daheim oder in der Krippe gestalten. So wird den Eltern von Anfang an deutlich: „Eure Mitarbeit ist gefragt, und mit diesem ersten Beitrag ist das Portfolio unser gemeinsames Buch!"

Wie du älter wirst

Name: _____ **Datum:** _____

Monat:

Monat:

Monat:

Monat:

Monat:

Monat:

Auf diesem Blatt haben wir Fotos von dir gesammelt, um zu zeigen, wie du dich mit der Zeit veränderst.

Tag für Tag, Woche für Woche, Monat für Monat verändert sich das Kind, lernt Fähigkeiten hinzu und verändert sich innerlich und äußerlich. Mit unserem Blatt „Wie du älter wirst" machen wir die äußerlichen Veränderungen des Kindes sichtbar: Hier werden meine Wangen immer dünner, und die Augen von Bild zu Bild weniger rund … Je häufiger das Blatt eingeheftet wird – besonders geeignet sind immer Porträts – desto aussagekräftiger wird der Wachstumsprozess sichtbar.

Das kannst du gut

Name: _____ **Datum:** _____

So alt bist du gerade: _____ **Diese Seite hat** _____ **für dich gestaltet.**

In jedem Lebensalter kann man etwas gerade besonders gut. Hier haben wir festgehalten, was du besonders gut konntest, als du ganz klein warst.

Mit dem Blatt „Das kannst du gut" möchten wir die Aufmerksamkeit des Kindes etwa im Kindergartenalter auf seine eigenen Lernerfolge als Kleinkind lenken: „In jedem Lebensalter kann man etwas gerade besonders gut!" und „All das war mal schwierig für mich? Das kann ich doch inzwischen mit links!"

Es ist sinnvoll, wie hier auf dem Beispielblatt, immer gleich zu beschreiben, in welchem Zusammenhang und mit welchem Nutzen das Kind die neue Kompetenz anwendet: Sich hochziehen zu können, ist schließlich keine reine Turnübung, sondern ein Mittel zum Zweck, die Welt zu erkunden!

Deine Gruppe

Name: _____ **Datum:** _____

So alt bist du gerade: _____ **Diese Seite hat** _____ **für dich gestaltet.**

Andere Menschen begleiten dich auf deinem Weg. Auf dieser Seite zeigen wir, wer in der Krippe zu deiner Gruppe gehörte.

Deine Gruppe

Name: Johanna   Datum: 15.9.08

So alt bist du gerade: 2 ½   Diese Seite hat Barbara für dich gestaltet.

Hier sitzen wir alle gemeinsam im Morgenkreis. Heute durftest du auf meinem Schoß sitzen. Von unten: Manuel, Wieland, Jan, Sina, Marleen, Marie, Hannah, Ruth, Josef, Stina, Paula, Anne, Barbara, du, Ayshe

Andere Menschen begleiten dich auf deinem Weg. Auf dieser Seite zeigen wir, wer in der Krippe zu deiner Gruppe gehörte.

„Andere Kinder begleiten mich in der Krippe, und wie ich verändern sie sich allmählich": Diesen Aspekt des Krippenlebens soll diese Seite einfangen. Natürlich kann das Blatt, regelmäßig ausgefüllt, auch von Kindern erzählen, die die Krippengruppe verlassen haben: „Janina wohnt jetzt in Köln und Serhab ist schon in der Kita." Auf dieser Seite können Gruppenbilder vom Kitafotografen eingeklebt werden.

Es eignen sich aber auch einzelne Bilder von jedem Kind, das unserem Portfolio-Besitzer gerade besonders nahesteht, denn „Deine Gruppe" könnte gerade bei großen Kindergruppen auch heißen: „Kinder in der Krippe, die mir nah sind". Sinnvoll ist es, auf der Seite die Vornamen der abgebildeten Kinder zu notieren, um später noch zu wissen, wie welches Kind hieß.

Deine Familie

Name: _____ **Datum:** _____

Wer gehört alles zu deiner Familie?

„Wer gehört alles zu deiner Familie?" Wenn Kinder sprechen können, könnte dieses die Ausgangsfrage sein, um gemeinsam diese Seite zu bearbeiten und Fotos der Familienangehörigen einzufordern und aufzukleben. Bei jüngeren Kindern sollte diese Seite von den Eltern selbst angefertigt werden.

Ähnlich wie bei der Seite „Deine Gruppe" sollte die Bezeichnung „Familie" nicht allzu eng betrachtet werden: Familiäre Gefühle können natürlich neben Geschwistern und beiden oder nur einem Elternteil auch Großeltern, Haustiere und WG-Mitbewohner umfassen.

Es ist sinnvoll, wie hier auf dieser Seite geschehen, die Namen der Familienangehörigen sowie Informationen zur Situation der Entstehung des Fotos festzuhalten: Schließlich sollen sich auf Grund der Fotos Gespräche zwischen Kind und Erzieherin beim Betrachten der Bilder entwickeln.

Geschichten über dich

Name: _____ **Datum:** _____

So alt bist du gerade: _____ **Diese Seite hat** _____ **für dich gestaltet.**

Du hast schon viel erlebt! Auf diesem Blatt haben wir eine lustige, bewegende, interessante Geschichte aus deinen ersten Lebensjahren festgehalten.

Geschichten über dich

Name: Pia-Lotte **Datum:** 5.8.08

So alt bist du gerade: 8 Monate, **Diese Seite hat** Mama **für dich gestaltet.**

In unserem Sommerurlaub hast du einen Tennisball gefunden. Du hast ihn gar nicht mehr losgelassen und den ganzen Tag damit gespielt!
Vor allem hast du ihn immer hin + herkullern lassen.
Das hat dir großen Spaß gemacht!

Du hast schon viel erlebt! Auf diesem Blatt haben wir eine lustige, bewegende, interessante Geschichte aus deinen ersten Lebensjahren festgehalten.

Auf dieser Seite ist Platz für Geschichten aus dem Leben des Kleinkindes, gerne ergänzt durch Fotos. Das können drollige und amüsante Berichte sein. Aber auch ernstere Themen eignen sich hervorragend, um auf dieser Seite festgehalten zu werden. Unser Ziel ist es, mit diesen Geschichten festzuhalten, welchen Beschäftigungen man als Kleinkind gerne nachgeht, warum man das tut und was man dabei erleben kann. Natürlich sind die kleinen Geschichten ein hervorragender Sprachanlass zwischen Erzieherin und Kind: „Ist das auf dem Foto der Ball, den du gefunden hast? Am Meer?"

Dinge, die du gerne magst

Name: _____ **Datum:** _____

🐥 Gibt es Dinge, die dir besonders wichtig sind? Hier haben wir festgehalten, welche Sachen für dich in der Krippe unverzichtbar waren. Und was du damit immer gemacht hast!

Kleine Kinder entwickeln schnell feste Vorlieben für bestimmte Gegenstände. Guter Gesprächsanlass für Pädagoginnen und Eltern, um das Lernen des Kindes zu reflektieren und zu überlegen, was es gerade besonders untersucht und welche Materialien es vielleicht noch gebrauchen könnte.
Lieblingsgegenstände aller Art können regelmäßig auf dieser Seite abgebildet werden, am besten mit einer kurzen Beschreibung über ihre Bedeutung und ihre Verwendung.
Schön ist es, wenn neben Dingen wie Kuscheltieren auch andere Gegenstände genannt werden, mit denen sich das Kind gerne beschäftigt: Dass Berta eine besondere Vorliebe für die Taschentuch-Box hat, verrät mehr über von ihr bevorzugte Aktivitäten als die Abbildung ihres Bären.

Ein Krippentag

Name: _____ **Datum:** _____

So alt bist du gerade: _____ **Diese Seite hat** _____ **für dich gestaltet.**

Zeit:
_____
_____
_____

Zeit:
_____
_____
_____

Zeit:
_____
_____
_____

Zeit:
_____
_____
_____

Zeit:
_____
_____
_____

So sah ein typischer Tag in der Krippe für dich aus!

Wie ihr Kind beim Frühstück in der Krippe aussieht, wissen viele Eltern, und die Spielsituation beim Abholen ist ihnen natürlich auch vertraut. Dazwischen besteht seit der Eingewöhnungszeit meistens eine Wissenslücke, die mit dieser Seite gut gefüllt werden kann, indem wir hier einen typischen Krippentag fotografieren, die Bilder einkleben und beschriften. Auch diese Seite bietet wieder gute Gesprächsimpulse beim gemeinsamen Betrachten mit den Eltern, und den Kleinkindern wird beim aufmerksamen Begutachten der Bilderserie ihr vertrautes Tagesritual in der Krippe einmal von einer anderen Perspektive erlebbar: Immer, wenn sich der Tagesablauf des Kindes ändert, ist ein neues Blatt sinnvoll.

Welche Situationen eignen sich gut zum Dokumentieren? Wie bei diesem Beispiel ist es vor allem sinnvoll, neben Lieblingsbeschäftigungen wie dem Spiel auf dem Klavier auch erreichte Schritte auf dem Weg zur Selbstständigkeit zu würdigen: Ob die Eltern zu Hause schon mitbekommen haben, dass sich ihr Kind in der Krippe schon gut alleine anziehen kann?

Allgemeine Entwicklung

Geschafft! Gelernt!

Name: _____ **Datum:** _____

So alt bist du gerade: _____ **Diese Seite hat** _____ **für dich gestaltet.**

 Immer, wenn du etwas Wichtiges dazugelernt hast, haben wir ein Foto gemacht und beschrieben, wie du das geschafft hast.

Hier bist du gerne

Name: _____ **Datum:** _____

So alt bist du gerade: _____ **Diese Seite hat** _____ **für dich gestaltet.**

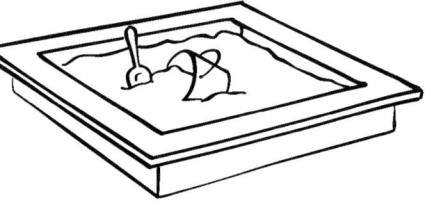

Jeder hat Lieblingsplätze, wo er sich gerne aufhält. Hier haben wir aufgeschrieben, wo du in der Krippe besonders gerne warst und was du dort immer gemacht hast!

Jedes Kind hat Lieblingsplätze, an denen es sich in der Krippe besonders gerne aufhält. Die Wahl dieses Ortes verrät viel über das Kind: Was es besonders interessiert – weil es diesen Ort vielleicht wegen besonderer Materialien aufsucht; wie es sich in der Gruppe fühlt – weil dieser Ort vielleicht besonders viel Ruhe oder Trubel bietet.

Anhand dieser Seite können Eltern und Pädagoginnen Zugang zu Gesprächen über die Unterstützung des Kindes und seine Bedürfnisse finden: Sucht es daheim auch solche Plätze auf wie in der Krippe? Fehlt in einer der beiden Welten eventuell ein besonders geliebtes Material, ein Rückzugsort? Welche Bedingungen braucht das Kind überhaupt, um sich sicher zu fühlen, um lernen, spielen, mit anderen zusammen sein zu können?

Und gibt der bevorzugte Aufenthaltsort – wie hier bei Pia-Lotte das Regal – Aufschluss darüber, welche Entwicklungsschritte das Kind gerade bewältigt?

Was du gerne spielst

Name: _____ **Datum:** _____

So alt bist du gerade: _____ **Diese Seite hat** _____ **für dich gestaltet.**

In jedem Alter spielen Kinder andere Spiele gerne.
Dieses Spiel hast du im Krippenalter gerne gespielt!

Welche Spiele spielt das Kind gerade bevorzugt? Mit dieser Portfolioseite wird die Aufmerksamkeit der Erzieherinnen gezielt auf das Spielverhalten des Kindes gelenkt, denn dies sagt eine Menge über die Lernschritte des Kindes aus. Und auch für die Eltern ist diese Seite besonders wichtig: Durch Dokumentationen des sich verändernden Spielverhaltens des eigenen Kindes erhalten sie an einem zunächst fast banal wirkenden Thema einen vertieften Einblick in die Art und Weise, wie ihr Kind lernt: Im Spiel, in entwicklungsgemäß sich stetig verändernden und erweiternden Spielformen.

Was du gerade untersuchst

Name: _____ **Datum:** _____

So alt bist du gerade: _____ **Diese Seite hat** _____ **für dich gestaltet.**

 Wie ein Naturforscher hast du schon in der Krippe versucht, die Geheimnisse der Natur zu erforschen. Hier haben wir festgehalten, was du in der Krippe herauszufinden versucht hast. Und wir haben aufgeschrieben, wie du das gemacht hast!

Gerade die Untersuchungstätigkeit des Kleinkindes, etwa beim Fallenlassen, Verbinden, Verstecken von Dingen ist eine Form der Aneignung, die Pädagoginnen vielen Eltern erst einmal sichtbar machen müssen. Es ist also sinnvoll, wenn wir auf dieser Portfolioseite unterschiedliche Formen elementarer Experimente des Kindes vorstellen.

Am sinnvollsten ist es, von den fünf wichtigsten Schemen je eines zu beschreiben:
- Das Verstecken von Dingen
- Das Verbinden von Dingen zu einem Ganzen
- Der Transport von Dingen
- Die Rotation
- Das Fallenlassen als Untersuchung der Schwerkraft

Soziale Entwicklung

Entwicklungsübersicht: Soziale Entwicklung

Name: _____

Nr.	Kompetenz	Einschätzung/Datum	Portfolioseite
1.	zeigt Vertrauen und Sicherheit bei Erwachsenen		
2.	zeigt Vertrauen und Sicherheit unter Kindern, auch wenn Erwachsene außer Sichtweite sind		
3.	kann sich auf Körperkontakt einlassen		
4.	kann Gefühle ausdrücken		
5.	kann Mitgefühl gegenüber anderen Kindern zeigen		
6.	kann ein „Nein" akzeptieren		
7.	kann bekannte Regeln akzeptieren		
8.	nimmt Kontakt zu Gleichaltrigen in freundlicher Weise auf		
9.	kann Augenkontakt aufnehmen und sich auf andere im Spiel einlassen		
10.	kann anderen helfen		

Diese Entwicklungsschritte wurden am _____ vollständig erreicht.

Eingeschätzt durch: _____

Du und deine Mitwelt

Name: _____ **Datum:** _____

So alt bist du gerade: _____ **Diese Seite hat** _____ **für dich gestaltet.**

Mit wem zusammen fühlst du dich gut, mit wem spielst du gerne? Was kannst du schon gut, um mit anderen zusammen in Kontakt zu kommen und gut auszukommen? Auf dieser Seite haben wir deine soziale Entwicklung festgehalten.

Du und deine Mitwelt

Name: Jaelle Datum: 17.9.08
So alt bist du gerade: 2J 1Mo   Diese Seite hat Yvonne für dich gestaltet.

Du spielst jetzt mit anderen Kindern zusammen viele Rollenspiele. Mit deiner Freundin zusammen hast du schon richtige gemeinsame Lieblingsspiele entwickelt, wie zum Beispiel euer Spiel mit der Puppe.

Mit wem zusammen fühlst du dich gut, mit wem spielst du gerne? Was kannst du schon gut, um mit anderen zusammen in Kontakt zu kommen und gut auszukommen? Auf dieser Seite haben wir deine soziale Entwicklung festgehalten.

Auf dieser Seite dokumentieren wir, wie das kleine Kind zu anderen Kindern und Erwachsenen allmählich soziale Beziehungen entwickelt. Das beginnt beim sich allmählich entwickelnden Vertrauen zu einer Bezugsperson am Ende der Eingewöhnungszeit. Später können wir dokumentieren, wie das Kind sich auf andere Kinder einlässt und allmählich mit ihnen gemeinsam ganz eigene, ungeschriebene Regeln des Zusammenlebens entwickelt. Sich selbst behaupten, auch wenn andere Menschen anderer Meinung sind, entschieden „Nein" sagen können: Nicht alle sozialen Entwicklungsschritte empfinden wir Erwachsenen sofort als positiv. Auf dieser Seite sollen sie trotzdem eine neutrale Würdigung erfahren, denn gerade auch Trotz- und Tobephasen bilden das Fortschreiten der sozialen Entwicklung ab.

Bewegung

Entwicklungsübersicht:
Motorische Entwicklung 1

Name: _____

Nr.	Kompetenz	Einschätzung/Datum	Portfolioseite
1.	kann kriechen		
2.	kann sich aus dem Sitz in den Stand erheben		
3.	kann einen Ball kicken		
4.	springt an der Hand eines Erwachsenen		
5.	geht im Wechselschritt Treppen hoch		
6.	steht nach Fall ohne Hilfe wieder auf		
7.	greift mit Pinzettengriff		
8.	kann einen großen Ball rollen		
9.	kann pusten		
10.	kann in die Hände klatschen		
11.	zeigt mit dem Zeigefinger		
12.	kann Bewegungen nachmachen		
13.	kann einen Stuhl hinauf- und hinabklettern		

Diese Entwicklungsschritte wurden am _____ vollständig erreicht.

Eingeschätzt durch: _____

Entwicklungsübersicht: Motorische Entwicklung 2

Name: _____

Nr.	Kompetenz	Einschätzung/Datum	Portfolioseite
1.	kann mit beiden Beinen zusammen springen		
2.	kann im Wechselschritt Treppen hoch- und runtergehen		
3.	kann bei Bewegungsspielen Bewegungen nachmachen		
4.	kann einen Ball über kurze Entfernung werfen und fangen		
5.	kann balancieren		
6.	kann Wasser in eine Tasse eingießen		
7.	kann fünf wichtige Körperteile benennen und zeigen		
8.	kann berichten, ob ein Kind ein Junge oder Mädchen ist		

Diese Entwicklungsschritte wurden am _____ vollständig erreicht.

Eingeschätzt durch: _____

Schritt für Schritt:
Du lernst laufen!

Name: _____ **Datum:** _____

So alt bist du gerade: _____ **Diese Seite hat** _____ **für dich gestaltet.**

Laufen lernen ist ganz schön schwer! Damit du dich daran erinnerst, wie du deine ersten Schritte gemacht hast, haben wir Fotos gemacht.

Den wohl gravierendsten Wandel im Leben des Kleinkindes – die ersten eigenständigen Schritte – dokumentieren wir auf dieser Seite. Dabei halten wir nicht nur den Zeitpunkt und das genaue Alter des Kindes bei diesem Lernschritt fest, sondern dokumentieren auch das Wie: Fiel der erste Schritt leicht? Was hat dem Kind dabei geholfen?

Laufen lernen geschieht nicht von heute auf morgen. Um diesen langfristigen Prozess zu dokumentieren, eignen sich Fotoserien mit Vorher-Nachher-Bildern und der Abbildung von Zwischenschritten: Vom Krabbeln über das Hochziehen, zum Stehen, über den ersten unsicheren Schritt bis zur erstmals sicher beherrschten Folge von vier, fünf Schritten ohne Festhalten und Abstützen.

Bei Pia-Lottes Laufenlern-Seite erkennt man, dass die Seite bereits angelegt wurde, bevor sie tatsächlich vollends laufen kann: Es wird ein spannender Moment sein, wenn endlich das dritte Bild mit dem Beweis für sicheres Laufen dazukommt!

Kleine Kunststücke

Name: _____ **Datum:** _____

So alt bist du gerade: _____ **Diese Seite hat** _____ **für dich gestaltet.**

Spagat oder Handstand können kleine Kinder noch nicht. Aber dafür ist es ein tolles Kunststück, wenn sie balancieren, schnell rennen oder plötzlich Dreirad fahren können!

Die Seite „Kleine Kunststücke" kann dazu eingesetzt werden, besondere Bewegungsformen des Kindes zu würdigen.
Unser Ziel sollte sein, das Augenmerk von Eltern und Pädagoginnen darauf zu lenken, welche Leistung sich hinter dem Einüben von scheinbar einfachen Bewegungsabläufen wie dem gezielten Wurf eines Balles, dem Balancieren über eine Bank oder dem Klettern auf den Stuhl verbirgt. Auch für das größer werdende Kind wird es einmal spannend sein, zu erfahren, auf welche – aus späterer Sicht recht banal erscheinenden – Bewegungsformen es als Kleinkind hingearbeitet hat.
Wie bei allen Dokumentationen von Bewegungsabläufen ist es bei der Seite „Kleine Kunststücke" empfehlenswert, mit Bilderserien zu arbeiten.

Sprache

Entwicklungsübersicht: Sprachentwicklung 1

Name: _____

Nr.	Kompetenz	Einschätzung/Datum	Portfolioseite
1.	macht sich mit Körpersprache verständlich		
2.	spielt mit Lauten und Silben; wechselt die Vokale		
3.	ahmt Wörter mit Lauten nach		
4.	versteht den Zusammenhang zwischen Wörtern und gezeigten Gegenständen		
5.	hört und versteht einfache Aufforderungen		
6.	spricht einzelne Wörter		

Diese Entwicklungsschritte wurden am _____ **vollständig erreicht.**

Eingeschätzt durch: _____

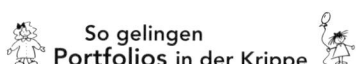

Entwicklungsübersicht: Sprachentwicklung 2

Name: _____

Nr.	Kompetenz	Einschätzung/Datum	Portfolioseite
1.	macht sich vorwiegend mit Wörtern verständlich		
2.	spricht Zweiwortsätze		
3.	verwendet Namen für bekannte Gegenstände		
4.	zeigt Gegenstände auf Bildern		

Diese Entwicklungsschritte wurden am _____ **vollständig erreicht.**

Eingeschätzt durch: _____

Entwicklungsübersicht: Sprachentwicklung 3

Name: _____

Nr.	Kompetenz	Einschätzung/Datum	Portfolioseite
1.	beginnt, Grammatik anzuwenden (Adjektive, Pronomen …)		
2.	bildet verneinende Sätze		
3.	spricht direkt zu anderen, erwartet aber keine Antwort		
4.	spricht in Dreiwortsätzen		
5.	versteht eine einfache Aufforderung und kann diese ausführen		
6.	zeigt Interesse für Reime und Verse		

Diese Entwicklungsschritte wurden am _____ vollständig erreicht.

Eingeschätzt durch: _____

Wort für Wort:
Du lernst sprechen!

Name: _____ **Datum:** _____

So alt bist du gerade: _____ **Diese Seite hat** _____ **für dich gestaltet.**

Dein Wort:	Bedeutung:	Datum:

 Weißt du eigentlich, wie viele verschiedene Wörter du kennst? Am Anfang, als du sprechen gelernt hast, waren es nur ganz wenige. Wir haben hier für dich festgehalten, welche Wörter du zuerst gesprochen hast, wie du sie ausgesprochen hast und wann das genau war.

Wort für Wort:
Du lernst sprechen!

Name: Berta **Datum:** 1.4.2008

So alt bist du gerade: 1 Jahr 9 Monate **Diese Seite hat** Papa **für dich gestaltet.**

Dein Wort:	Bedeutung:	Datum:
Hua	Auto, Schuhe	seit Januar 08
Ba!	Müll, Müllauto	Herbst 07
Papa	Papa	September 07
Mama	Mama	Februar 08
Bubu	Brust trinken!	Herbst 07
Täta	Berta	März 08
Au!	Ich will auch!	April 08
Waua	Hund	Mai 08
Gagak/Gogok	Ente	April 08
Pipip	Vogel	Mai 08

Weißt du eigentlich, wie viele verschiedene Wörter du kennst? Am Anfang, als du sprechen gelernt hast, waren es nur ganz wenige. Wir haben hier für dich festgehalten, welche Wörter du zuerst gesprochen hast, wie du sie ausgesprochen hast und wann das genau war.

Den Spracherwerb des Kindes mitzuverfolgen, ist für Eltern und Erzieherinnen spannend. Das Blatt „Wort für Wort: Du lernst sprechen!" soll neben der Aufgabe, Erinnerungen festzuhalten, vor allem auch dazu dienen, das genaue Hinhören zu fördern.

„Unser Kind spricht noch gar nicht, macht höchstens bestimmte Bewegungen und Laute dazu!" – Wie unsere Beispielseite zeigt, sind nicht nur perfekt ausgesprochene Worte festhaltenswerte Zeichen für einen voranschreitenden Spracherwerb. Im Gegenteil: Auch Gebärden und Lautverbindungen in Babysprache sollten wir auf dieser Liste würdigen, wenn sie das Kind eindeutig in kommunikativer Absicht einsetzt.

Und wenn man auflistet, welche Wörter das Kind schon beherrscht, ist man in der Regel überrascht, wie schnell aus den vermuteten „paar Wörtern" eine ganze Liste wird.

Geschafft! Gelernt!

Name: Berta Datum: 6. Oktober 08
So alt bist du gerade: 2J 2Mo Diese Seite hat Vanessa für dich gestaltet.

> Du interessierst dich jetzt immer mehr für Reime und Verse. Heute morgen hast du immer gesagt:
> "Geht Bibabutzemann-Haus erum!"
> Außerdem sagst du gerne:
> "Piep piep - alle alle lieb" beim Mittagessen.

Immer, wenn du etwas Wichtiges dazugelernt hast, haben wir ein Foto gemacht und beschrieben, wie du das geschafft hast.

Besser als Fotos eignen sich kurze Situationsbeschreibungen, um Entwicklungsschritte des Kindes in Bezug auf die voranschreitende Sprachentwicklung zu dokumentieren, wie hier in unserem Beispiel. Das Interesse für Reime und Verse ist ein wichtiger Schritt in der Sprachentwicklung. Ist dieser erreicht, dokumentieren wir dies auf der Entwicklungsübersicht Sprachentwicklung 3 (S. 51) und heften ein Portfolioblatt wie dieses dazu.

Malen und Gestalten

Entwicklungsübersicht: Malen & Gestalten 1

Name: _____

Nr.	Kompetenz	Einschätzung/Datum	Portfolioseite
1.	kann gezielt Spuren erzeugen		
2.	kann malerische Effekte durch gezielten Materialeinsatz erzeugen		
3.	kann mit Stiften, Kreiden oder Kohlen Striche, Hiebkritzel und Kritzelknäuel erzeugen		
4.	kann Materialien auf ihre Verwendbarkeit zum Spuren-Hinterlassen gezielt ausprobieren		
5.	kann Ton formen		
6.	baut stapelnd mit Bausteinen		

Diese Entwicklungsschritte wurden am _____ vollständig erreicht.

Eingeschätzt durch: _____

Entwicklungsübersicht: Malen & Gestalten 2

Name: _____

Nr.	Kompetenz	Einschätzung/Datum	Portfolioseite
1.	kann mit Stiften und Kreiden malen		
2.	kann mit Pinsel und Farbe malen		
3.	kann Materialien zusammenkleben		
4.	kann Papier durch reißen, knüllen etc. in der Form verändern		
5.	versteht einfache Abdrucktechniken (Stempeln mit Korken, Schwämmen, Rollen etc.)		
6.	malt gezielt Punkte mit Stift oder Pinsel		
7.	malt gezielt Kreise		
8.	deutet Bilder		

Diese Entwicklungsschritte wurden am _____ **vollständig erreicht.**

Eingeschätzt durch: _____

Kleine Kunstwerke

Name: _____ **Datum:** _____

So alt bist du gerade: _____ **Diese Seite hat** _____ **für dich gestaltet.**

Große Künstler fangen früh an. Wir haben hier festgehalten, wie deine ersten „Kunstwerke" in der Krippe aussahen und wie sie entstanden sind.

Bei dieser Seite geht es darum, die sich entwickelnde Gestaltungsfertigkeit der Krippenkinder zu würdigen, indem wir Bilder und Objekte aus bildnerischen Aktionsangeboten würdigen. Natürlich geht es hierbei nicht um perfekt aussehende Kunstwerke, sondern um die Würdigung aller Versuche, sich mit Pinsel, Farbe, Fingern und Ton auszudrücken.

Es ist sinnvoll, zum „Kunstwerk" auch die Geschichte seines Entstehens festzuhalten. Es ist für die Eltern wie auch für das spätere Kindergartenkind aufschlussreich, zu erfahren, welche Absichten und Ideen sich hinter dem vielleicht zunächst gering geschätzten Gekrakel verbergen – so wie diese Kritzel ein erster Schritt zum späteren Schrift-Spracherwerb sein könnten.

Geschafft! Gelernt!

Name: Paul   Datum: 12. September 08

So alt bist du gerade: 1,9   Diese Seite hat Vanessa für dich gestaltet.

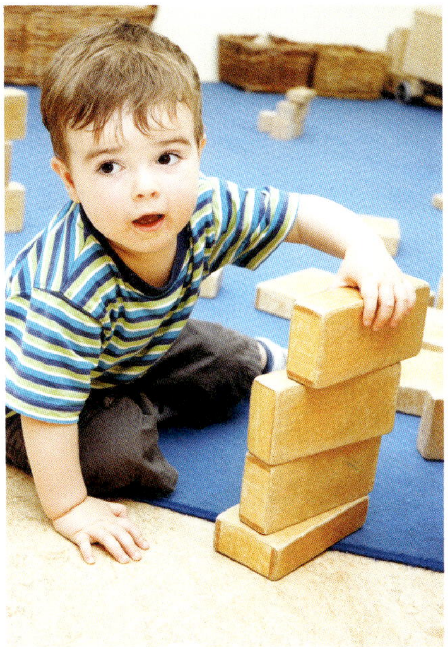

Du kannst jetzt stabile Türme aus Bausteinen bauen. Neulich hast du sogar 6 Steine übereinander gebaut! Beim Stapeln der Steine bist du ganz vorsichtig, damit der Turm nicht umfällt.

Immer, wenn du etwas Wichtiges dazugelernt hast, haben wir ein Foto gemacht und beschrieben, wie du das geschafft hast.

Während entstandene Bilder und Objekte mit dem „Kunstwerke"-Blatt eine geeignete Würdigung erfahren, setzen wir das „Geschafft! Gelernt!"-Blatt auch im Bildungsbereich „Malen und Gestalten" dazu ein, hinter dem gestalterischen Tun stehende Fertigkeiten und Fähigkeiten zu würdigen. Dazu gehören natürlich auch wichtige feinmotorische Prozesse wie das Stapeln der Bausteine.

Musik

Entwicklungsübersicht: Musik 1

Name: _____

Nr.	Kompetenz	Einschätzung/Datum	Portfolioseite
1.	kann musikalische Töne lallend, plappernd, als Singsang erzeugen		
2.	kann aktiv motorisch auf Musik reagieren		
3.	versucht, zur Musik zu tanzen		
4.	singt im Miteinander mit Erwachsenen Töne nach		
5.	singt Kinderlieder (teilweise) nach		
6.	singt wiederholend eigene Liedchen		
7.	versucht, mit den Händen klatschend Lieder zu begleiten		

Diese Entwicklungsschritte wurden am _____ vollständig erreicht.

Eingeschätzt durch: _____

Entwicklungsübersicht: Musik 2

Name: _____

Nr.	Kompetenz	Einschätzung/Datum	Portfolioseite
1.	kann aktiv Musik anhören		
2.	kennt Strampelverse und kann Bewegungen dazu selbstständig ausführen		
3.	kennt Kniereiter		
4.	kennt Begrüßungs- und Abschiedslieder		
5.	kennt Fingerspiele und kann Bewegungen dazu selbstständig ausführen		
6.	kennt Bewegungslieder und kann Bewegungen mit dem ganzen Körper dazu selbstständig ausführen		
7.	kennt erste leichte Kindertänze und kann einfache Bewegungsmuster dazu selbstständig ausführen		
8.	kann auf einfachen Musikinstrumenten Töne erzeugen		

Diese Entwicklungsschritte wurden am _____ vollständig erreicht.

Eingeschätzt durch: _____

Lieder, die du gerne hörst

Name: _____ **Datum:** _____

Hier haben wir deine ersten Lieblingslieder gesammelt!

Um akustische „Kunstwerke" zu würdigen, wäre es an dieser Stelle konsequent, eine Aufnahme auf Kassette, CD oder Speicherkarte im Portfolio abzuheften. Um auch die musikalische Förderung der Kinder in der Krippe zu würdigen, kann stattdessen diese Seite verwendet werden. Es dient in erster Linie dazu, Liedertexte aus dem Krippenalltag abzuheften, damit Eltern Einblick bekommen. Wenn wir dazu mit Text und Bild dokumentieren, wie das Kind sich dazu bewegt hat, welche besondere Beziehung es zu dem Lied möglicherweise hat, kann auch daran gezeigt werden, welche Kompetenzen das Kind dabei erworben hat. Zum Beispiel: „Dieses Lied kannst du schon fast ganz alleine singen."

Beobachtungs- und Dokumentationshilfen

Übersichtsliste:
Dokumentation planen

Name des Kindes	Welche Kompetenz will ich dokumentieren?	Wann wurde die Kompetenz erreicht?	Welche Situation eignet sich zur Dokumentation?	Wann habe ich fotografiert?

Portfolioarbeit braucht Struktur und Übersicht: Es ist nicht einfach, bei acht bis zwölf Kindern in der Gruppe im Kopf zu haben, welche Kompetenz man in der nächsten Zeit dokumentieren sollte. Und wer fleißig mit der Digitalkamera dokumentiert, kennt auch ein weiteres Problem: Es ist oft im Nachhinein gar nicht einfach, herauszufinden, aus welchem Grund man welches Kind bei einer bestimmten Tätigkeit fotografiert hat.

Diese Tabelle kann helfen, die Arbeit des Dokumentierens zu strukturieren. Regelmäßig kann die Erzieherin in die beiden rechten Spalten beim Planen eintragen, welche Kompetenzschritte sie in der nächsten Zeit bei welchem Kind dokumentieren möchte. Sie kann in der mittleren Spalte bei Bedarf festhalten, seit wann das Kind die Kompetenz erworben hat, um diese wichtige Information nicht zu vergessen, wenn endlich Zeit ist, das entsprechende Blatt anzufertigen.

Die vierte Spalte dient dazu, sich bestimmte Termine vorzumerken, wann die Dokumentation besonders sinnvoll ist. Das ist beim manchen Kompetenzzielen wichtig, bei anderen nicht: Dass Olaf jetzt mit anderen Kindern zusammen spielt, kann in irgendeiner Freispielsituation dokumentiert werden. Für die Dokumentation von Bertas neuer Kompetenz, geschickt mit Pinsel zu malen, sollten wir das nächste Malangebot nicht verpassen.

Und die rechte Spalte? Hier tragen wir das Datum ein, wann das Foto entstanden ist. Diese Information hilft, beim Ausdrucken aller Fotos einige Zeit später das richtige Bild schnell zu finden.

Übersichtsliste: Dokumentation planen

Name des Kindes	Welche Kompetenz will ich dokumentieren?	Wann wurde die Kompetenz erreicht?	Welche Situation eignet sich zur Dokumentation?	Wann habe ich fotografiert?
Olaf	alleine spielen mit anderen	Anfang September		15. September
Berta	Kann mit Pinsel und Farbe malen		Malangebot 1. Oktober-Woche	
Julius	geht im Wechselschritt die Treppe hoch	Anfang September		02. Oktober
Lotta	baut stapelnd mit Bausteinen	Mitte September		17. September
Merle	versucht, zur Musik zu tanzen	Ende September	Singkreis 28. September	28. September
Jonathan	hilft anderen beim Essen	Mitte Oktober		

Beobachtungsbogen

Datum: _____ Ausgefüllt von: _____ Blatt Nr.: _____

Beobachtungsfrage: _____

Wo und wann?	Wer?	Aktion	Fazit

Damit Sie als qualifizierte Pädagogin nicht nur Zufallsbeobachtungen machen, sondern die Beobachtung als pädagogische Methode nutzen, ist dieser Beobachtungsbogen hilfreich. Beim Beobachten gewinnen wir ständig neue Eindrücke. Wenn man erst lange nach der Beobachtungssituation aufschreibt, was einem aufgefallen ist, hat man viele Eindrücke wieder vergessen oder längst uminterpretiert. Um Beobachtung als Methode anzuwenden, machen wir beim Beobachten auf diesem Bogen Notizen, wenn uns etwas auffällt. Später können wir auswählen, welche dieser notierten Eindrücke uns besonders wichtig erscheinen.

Zudem ist es wichtig, vorher genau festzulegen, was beobachtet werden soll. Beobachtung als Methode bedeutet: Wir legen vorher eine Leitfrage fest. Diese Leitfrage („Was tun die Kinder?"; „Wer spielt mit wem?"; „Warum geraten Ruby und Phil immer in Streit?"; „Brauchen wir mehr Material für die Puppenecke?") notieren wir oben auf den Beobachtungsbogen.

Weil der turbulente Alltag in der Krippe keinen Rückzug einer Pädagogin aus der Gruppe zulässt, müssen wir den Ablauf der Beobachtung möglichst unaufwändig gestalten. Unser Ziel ist es, so oft wie möglich Eindrücke so knapp wie möglich festzuhalten. Notieren Sie deshalb in Stichpunkten. Im Anschluss sollten Sie dann Ihre Beobachtungen im Hinblick auf die Portfolioarbeit auswerten: Bei welchem Kind ist etwas besonders aufgefallen, zu dem eine neue Seite im Portfolio gestaltet werden sollte?

Beobachtungsbogen

Datum: 7.7.08   Ausgefüllt von: Michaela   Blatt Nr.: 1

Beobachtungsfrage: Womit beschäftigen sich die Einjährigen im Garten?

Wo und wann?	Wer?	Aktion	Fazit
11:00, Wasserhahn	Berta + Neli	Berta hat den Gartenschlauch entdeckt, versucht, zielgerichtet Neli's Füße nass zu machen.	Öfter ohne Windel spielen lassen im Garten, mit ihr über Pipimachen sprechen!
11:10, ebd.	Berta	Berta versucht nun, sich die eigenen Füße zu bespritzen, findet es angenehm. Zieht sich nach Hinweis, sich bitte nicht nass zu machen, komplett aus, inkl. Windel	
"	Berta	Hat offenbar auf Wiese gepinkelt, meldet kurz + stolz: „Aa-Macht!" Geht anschließend zu Neli in die Sandkiste	
11:25 Sandkiste	Berta + Neli	versuchen, Sand zu schippen. Spielen Essen damit.	

Über die Autoren/Herausgeber

Antje Bostelmann, die Herausgeberin des Buches, ist Geschäftsführerin der KLAX gGmbH in Berlin, die von ihr 1990 gegründet wurde. Das pädagogische Konzept des Trägers wurde von Antje Bostelmann mit dem Ziel entwickelt, die ganzheitliche Persönlichkeitsentwicklung von Kindern und Jugendlichen innerhalb verschiedener Einrichtungen optimal zu fördern und dadurch ihre sozialen, emotionalen und kommunikativen Kompetenzen zu stärken. KLAX unterhält in Berlin verschiedene Einrichtungen, darunter eine Kinderbildungswerkstatt, Kindergärten und eine Grundschule und organisiert Weiterbildungskurse für Mitarbeiterinnen und interessierte Erzieherinnen, Pädagoginnen und Künstlerinnen.

Michael Fink, Autor des Erläuterungstextes, ist ausgebildeter Lehrer für Bildende Kunst und als pädagogischer Autor, Dozent und Berater tätig. Für KLAX ist er seit 2000 im Bereich „Pädagogische Entwicklung und Prozesssteuerung" tätig und ist dort verantwortlich für die Weiterentwicklung des pädagogischen Konzepts in den KLAX-Kindergärten und der KLAX-Kinderbildungswerkstatt.

Die Portfolioblätter für die Krippe hat Michael Fink auf Grund vieler Anregungen und Erfahrungsberichte der KLAX-Krippenerzieherinnen und Leiterinnen **Gabriele Hollberg**, **Ulrike Rettig** und **Antje Hahn** entwickelt.

Sie wollen mehr über Portfolioarbeit, Bildung in der Krippe oder die KLAX-Pädagogik erfahren?

Das Institut für KLAX-Pädagogik bietet Fort- und Weiterbildungen, Workshops und Fachtage an, u. a. zu:

▶ Portfolioarbeit im Kindergarten
▶ Bildung in der Krippe – von Anfang an!
▶ Die KLAX-Pädagogik auf einen Blick!
▶ Medienkompetenz in der Kita

Informationen zur Anmeldung, Kosten und zu dem gesamten Programm des Institutes erhalten Sie beim:

Institut für KLAX-Pädagogik
Tel: 030-47 79 6145
institut@klax-online.de
https://klax.de/institut

Informationen zu den Veranstaltungen des Institutes für KLAX-Pädagogik

Unsere Fortbildungen, Tagesseminare und Einzelveranstaltungen bieten wir in Berlin oder als Inhouse-Seminare an.

Unsere Weiterbildungsveranstaltungen können auf Anfrage auch in Ihrer Einrichtung stattfinden. Sprechen Sie uns an – wir kommen auch zu Ihnen.